LOW CARB
Frühstück

LOW CARB
Frühstück

50 Rezepte zum Abnehmen und Genießen

Bibliografische Information der Deutschen Nationalbibliothek
Die Deutsche Nationalbibliothek verzeichnet diese Publikation in der Deutschen Nationalbibliografie. Detaillierte bibliografische Daten sind im Internet über http://d-nb.de abrufbar.

Für Fragen und Anregungen
info@rivaverlag.de

Originalausgabe
1. Auflage 2019
© 2019 by riva Verlag, ein Imprint der Münchner Verlagsgruppe GmbH
Nymphenburger Straße 86
D-80636 München
Tel.: 089 651285-0
Fax: 089 652096

Redaktion: Caroline Kazianka
Umschlaggestaltung: Manuela Amode
Umschlagabbildungen: Vorderseite: AnikonaAnn/Shutterstock.com; Rückseite: margouillat photo/Shutterstock.com, Vankad/Shutterstock.com, Elena Veselova/Shutterstock.com, Elena Shashkina/Shutterstock.com
Satz: inpunkt[w]o, Haiger (www.inpunktwo.de)
Druck: Florjancic Tisk d.o.o., Slowenien
Printed in the EU

ISBN Print 978-3-7423-0805-4
ISBN E-Book (PDF) 978-3-7453-0428-2
ISBN E-Book (EPUB, Mobi) 978-3-7453-0429-9

Weitere Informationen zum Verlag finden Sie unter

Beachten Sie auch unsere weiteren Verlage unter www.m-vg.de

Inhalt

Schoko-Nuss-Aufstrich

Für 500 g
Nährwerte (pro 125 g): Kilokalorien: 121 Kcal,
Protein: 1,69 g, Fett: 11,25 g, Kohlenhydrate: 2,44 g

ZUTATEN

40 g Mandeln
80 g Haselnüsse
100 g Butter
300 g Sahne
4 EL Backkakao

1. Die Mandeln und die Haselnüsse in einen Mixer geben und zu Mehl mixen.

2. Die Butter in einem Topf bei niedriger Hitze schmelzen. Die Sahne dazugeben und verrühren. Backkakao und die gemahlenen Nüsse und Mandeln gut untermischen.

3. Die Creme in eine Schüssel füllen und abkühlen lassen. Anschließend für 1–2 Stunden in den Kühlschrank stellen.

Buttermilch-Protein-Pancakes

Für 4 Portionen
Nährwerte (pro Portion): Kilokalorien: 232 Kcal,
Protein: 33,7 g, Fett: 8 g, Kohlenhydrate: 4,7 g

ZUTATEN

90 g Proteinpulver
  Vanille
60 g Mandelmehl
½ TL Zimt
2 TL Backpulver
150 ml Buttermilch
4 EL Mineralwasser
8 Eiklar
2 EL Sonnenblumenöl
gemischte Beeren nach
  Belieben
Low-Carb-Sirup nach
  Belieben

1. Proteinpulver, Mandelmehl, Zimt und Backpulver in eine Schüssel geben und miteinander vermischen. Die Buttermilch und das Mineralwasser dazugeben und unterrühren.

2. Das Eiklar in einer Schüssel mit dem Handrührgerät steif schlagen und vorsichtig unter den Teig heben.

3. Etwas Öl in einer Pfanne erhitzen und 1–2 Esslöffel Teig in die Pfanne geben und zu einem Pancake verstreichen. Sobald sich an der Oberseite Bläschen bilden, den Pancake wenden und fertig backen. Mit dem restlichen Teig ebenso verfahren, insgesamt 8–12 Pancakes.

4. Die Pancakes nach Belieben mit verschiedenen Beeren und etwas Low-Carb-Sirup servieren.

Omega-3-Walnussbrot

Für 1 Brot (20 Scheiben)
Nährwerte (pro Scheibe): Kilokalorien: 126,7 Kcal,
Protein: 7,33 g, Fett: 7,94 g, Kohlenhydrate: 5,56 g

ZUTATEN

- 100 g Walnusskerne
- 500 g Magerquark
- 5 Eier
- 120 g Haferkleie
- 60 g Proteinpulver neutral
- 50 g Walnussmehl
- 50 g geschrotete Leinsamen
- 30 g Chiasamen
- 2 TL Backpulver
- 2 TL Salz
- 1 TL Brotgewürz

1. Den Backofen auf 180 °C (Ober-/Unterhitze) vorheizen.

2. Die Walnüsse hacken. Den Magerquark, die Eier, die Haferkleie und das Proteinpulver in eine Schüssel geben und mit einem Handrührgerät gut verrühren.

3. Nun die restlichen Zutaten dazugeben und nochmals gut durchrühren, bis ein etwas zäher Teig entsteht.

4. Eine Brotbackform oder Kastenform (28 cm) mit Backpapier auslegen, den Teig in die Form füllen und etwa 55 Minuten im Ofen backen.

Schoko-Chiapudding mit Himbeeren

Für 4 Portionen
Nährwerte (pro Portion): Kilokalorien 299 Kcal,
Protein: 13,1 g, Fett: 21,2 g, Kohlenhydrate: 11,8 g

ZUTATEN

400 ml Milch (3,5 % Fett)
200 ml Kokosmilch
4 EL Backkakao
80 g Chiasamen
60 g Mandeln
100 g Himbeeren
2 EL Süßstoff

1. Die Milch, die Kokosmilch und den Backkakao in eine Schüssel geben und so lange rühren, bis sich der Kakao komplett aufgelöst hat. Die Chiasamen dazugeben und untermischen. Masse 30 Minuten in den Kühlschrank stellen.

2. Währenddessen die Mandeln hacken. Die Himbeeren vorsichtig waschen und mit Küchenpapier trocken tupfen.

3. Nun den Süßstoff in den Pudding rühren und diesen auf 4 Schüsseln verteilen. Garniert mit Himbeeren und gehackten Mandeln servieren.

Brokkoli-Tomaten-Frittata

Für 4 Portionen
Nährwerte (pro Portion): Kilokalorien 438 Kcal,
Protein: 34,45 g, Fett: 26,48 g, Kohlenhydrate: 12,4 g

ZUTATEN

1 TL Olivenöl
200 g Putenbrustfilet
400 g Brokkoli
3 Tomaten
8 Eier
100 ml Milch (1,5 % Fett)
200 g Sahne
1 Prise Salz
1 Prise Pfeffer
50 g geriebener
  Parmesan

1. Das Olivenöl in einer Pfanne erhitzen und die Puten-brust darin von beiden Seiten goldbraun braten. Anschließend in kleine Würfel schneiden und zur Seite stellen.

2. Den Backofen auf 180 °C (Ober-/Unterhitze) vorheizen.

3. Den Brokkoli und die Tomaten putzen, waschen und klein schneiden.

4. Die Eier mit der Milch und der Sahne in einer Schüs-sel verquirlen. Mit Salz und Pfeffer würzen.

5. Den Brokkoli in eine ofenfeste Pfanne geben und die Putenbrust mit den Tomaten darüber verteilen. Die Milch-Sahne-Mischung darübergießen und Frittata im Ofen 25 Minuten backen. Nach etwa 8–10 Minuten den geriebenen Parmesan über die Frittata streuen.

Bagels

Für 8 Bagels
Nährwerte (pro Bagel): Kilokalorien: 105 Kcal,
Protein: 4,9 g, Fett: 6,8 g, Kohlenhydrate: 5,3 g

ZUTATEN

30 g Mandelmehl

30 g Flohsamen-
schalenpulver

30 g Pfeilwurzelmehl

80 g geschrotete
Leinsamen

30 g Kokosmehl

2 TL Backpulver

1 EL Kümmel

½ TL Salz

400 ml lauwarmes
Wasser

3 EL Sesamsamen

1. Den Backofen auf 160 °C Umluft vorheizen.

2. Mandelmehl, Flohsamenschalenpulver, Pfeilwurzelmehl, Leinsamen (3 EL davon beiseitelegen), Kokosmehl, Backpulver, Kümmel und Salz in einer Schüssel miteinander vermischen. Das Wasser dazugeben
und alles gut mit dem Handrührgerät verrühren.
Den Teig 5 Minuten ruhen lassen. Anschließend noch
einmal durchkneten.

3. Ein Backblech mit Backpapier auslegen. Aus dem Teig
Bagels formen und nebeneinander auf das Backblech
legen. Die Bagels mit Sesamsamen und den restlichen
Leinsamen bestreuen und 35–40 Minuten im Ofen
backen.

4. Nach dem Abkühlen die Bagels halbieren und nach
Belieben belegen.

Blaubeerpancakes

Für 4 Portionen
Nährwerte (pro Portion): Kilokalorien: 254 Kcal,
Protein: 20,5 g, Fett: 11,2 g, Kohlenhydrate: 15,9 g

ZUTATEN

2 Eier
150 g Mandelmehl
2 TL Backpulver
270 ml Milch (3,5 % Fett)
2 EL Süßstoff
300 g Blaubeeren
1 TL Kokosöl
4 TL Ahornsirup

1. Die Eier trennen und das Eiklar in einer Schüssel mit dem Handrührgerät steif schlagen.

2. Das Eigelb in einer zweiten Schüssel mit Mandelmehl, Backpulver, Milch und Süßstoff so lange mit dem Handrührgerät verrühren, bis eine glatte Masse entsteht.

3. Die Blaubeeren waschen und mit Küchenpapier trocken tupfen. Dann vorsichtig mit dem Eischnee in den Teig rühren.

4. Die Pfanne erhitzen und das Kokosöl hineingeben. 1–2 EL Teig in die Pfanne geben und zu einem Pancake verstreichen. Wenn sich an der Oberfläche Bläschen bilden, Pancake wenden und dann fertig backen. Mit dem restlichen Teig ebenso verfahren, insgesamt 8–12 Pancakes backen.

5. Die Pancakes vor dem Servieren mit Ahornsirup beträufeln.

Proteinwaffeln

Für 4 Portionen
Nährwerte (pro Portion): Kilokalorien: 546 Kcal,
Protein: 34,3 g, Fett: 39,7 g, Kohlenhydrate: 8,6 g

ZUTATEN

6 Eier
160 g Quark (20 % Fett)
100 g Butter
90 g Proteinpulver
 Vanille
3 EL Sonnenblumenöl
30 g Xylit (Xucker)
1 TL Backpulver
etwas Fett für das
 Waffeleisen
Beeren nach Belieben
 zum Garnieren

1. Die Eier mit dem Quark in eine Schüssel geben und mit dem Handrührgerät gut miteinander vermischen. Nun die Butter (Zimmertemperatur) und das Proteinpulver unterrühren.

2. Öl, Xylit und Backpulver zum Teig geben und verrühren, bis ein gleichmäßiger Teig entsteht.

3. Aus dem Teig in einem Waffeleisen Waffeln backen (insgesamt 6–8 Stück) und mit Beeren nach Wahl garniert servieren.

Proteinbrotstangen

Für 6 Stangen
Nährwerte (pro Stange): Kilokalorien: 220 Kcal,
Protein: 28 g, Fett: 18,88 g, Kohlenhydrate: 9,5 g

ZUTATEN

50 g Weizenkleie
60 g Sonnenblumen-
kerne
80 g Leinsamen
40 g Mandelmehl
1 TL Backpulver
1 TL Salz
300 g Magerquark
3 Eier

1. Die Weizenkleie, die Sonnenblumenkerne und 30 g der Leinsamen in einer Schüssel vermischen. Mandelmehl, Backpulver und Salz dazugeben und nochmals vermischen.

2. Den Magerquark und die Eier zufügen und alles mit einem Handrührgerät zu einem festen Teig verrühren, dann mit den Händen weiterkneten.

3. Den Teig 30 Minuten zugedeckt ruhen lassen. In dieser Zeit quellen die Leinsamen auf und der Teig wird noch etwas fester.

4. Den Backofen auf 200 °C (Ober-/Unterhitze) vorheizen und ein Backblech mit Backpapier auslegen.

5. Nun aus dem Teig 6 Brotstangen formen und nebeneinander auf das Backblech legen. Die Stangen mit den restlichen Leinsamen bestreuen und 40 Minuten im Ofen backen.

Gemüsemuffins

Für 12 Muffins
Nährwerte (pro Muffin): Kilokalorien: 88 Kcal,
Protein: 9,6 g, Fett: 3,8 g, Kohlenhydrate: 3,2 g

ZUTATEN

2 Frühlingszwiebeln
2 rote Paprika
150 g Putenbrust-
   aufschnitt
150 g Magerquark
40 ml Milch (3,5% Fett)
3 Eier
60 g Mandelmehl
1 Prise Salz
1 Prise Pfeffer
50 g geriebener Käse
1 EL Sonnenblumenöl
etwas Fett für die Form

1. Den Backofen auf 180 °C (Ober-/Unterhitze) vorheizen.

2. Die Frühlingszwiebeln und die Paprika putzen, waschen und klein schneiden. Den Putenbrust-aufschnitt ebenfalls zerkleinern. Gemüse und Auf-schnitt in einer Schüssel vermischen.

3. Magerquark, Milch, Eier und Mandelmehl dazugeben. Alles gut miteinander vermischen und mit Salz und Pfeffer würzen. Käse und Sonnenblumenöl unter-rühren.

4. Die Mulden einer Muffinform einfetten und den Teig gleichmäßig darauf verteilen. Die Muffins nun 25–30 Minuten im Ofen backen.

Spinatwaffeln

Für 4 Portionen
Nährwerte (pro Portion): Kilokalorien: 325 Kcal,
Protein: 34,88 g, Fett: 16 g, Kohlenhydrate: 8,2 g

ZUTATEN

1 kg Spinat
1 Zwiebel
1 EL Butter
½ TL Salz
½ TL Pfeffer
200 g Mandelmehl
50 ml Milch (3,5 % Fett)
50 g geriebener Käse
3 Eier
2 TL Backpulver
etwas Fett für das
   Waffeleisen

1. Den Spinat verlesen, waschen und gut abtropfen lassen. Die Zwiebel schälen und klein hacken. Die Butter in einer Pfanne erhitzen. Nun die Zwiebel mit dem Spinat hineingeben und 3–5 Minuten dünsten. Spinat mit Salz und Pfeffer würzen und abkühlen lassen.

2. Den abgekühlten Spinat hacken und in einer Schüssel mit Mandelmehl, Milch, Käse und Eiern vermischen. Dann das Backpulver unterrühren.

3. Aus dem Teig in einem Waffeleisen etwa 10–12 Waffeln ausbacken.

Käse-Schinken-Hörnchen

Für 4 Portionen
Nährwerte (pro Portion): Kilokalorien: 503 Kcal,
Protein: 49,8 g, Fett: 27,75 g, Kohlenhydrate: 9,85 g

ZUTATEN

300 g Magerquark

3 Eier

80 g gemahlene
Mandeln

60 g Proteinpulver
neutral

1 TL Guarkernmehl

2 TL Backpulver

1 Prise Salz

1 EL Xylit (Xucker)

120 g Kochschinken

200 g geriebener Käse

1. Den Backofen auf 180 °C (Ober-/Unterhitze) vorheizen und ein Backblech mit Backpapier auslegen.

2. Magerquark, Eier, gemahlene Mandeln und das Proteinpulver in eine Schüssel geben und mit einem Handrührgerät vermischen. Guarkernmehl, Backpulver, Salz und Xylit dazugeben und nochmals gut verrühren.

3. Den Kochschinken in kleine Würfel schneiden und mit dem Käse unter die Masse heben.

4. Nun aus dem Teig Hörnchen formen und diese nebeneinander auf das Backblech legen. Anschließend etwa 25 Minuten im Ofen backen.

Spargelomelett

Für 4 Portionen
Nährwerte (pro Portion): Kilokalorien: 248 Kcal,
Protein: 18,7 g, Fett: 15,8 g, Kohlenhydrate: 5,1 g

ZUTATEN

450 g grüner Spargel
Salz
100 g Mozzarella (light)
250 g Tomaten
1 Handvoll Blattspinat
8 Eier
½ TL Pfeffer
1 EL Olivenöl
1 EL gehackte Petersilie

1. Spargelstangen putzen, waschen und in einem mittelgroßen Topf in kochendem Salzwasser in etwa 4 Minuten bissfest blanchieren. Dann durch ein Sieb abgießen, 5 Spargelstangen beiseitelegen und die restlichen in etwa 5 cm lange Stücke schneiden.

2. Mozzarella abtropfen lassen und klein schneiden. Tomaten waschen, klein schneiden und ein paar Hälften zum Garnieren aufbewahren. Spinat verlesen, waschen, abtropfen lassen und zerkleinern.

3. Eier in einer großen Schüssel mit dem Schneebesen verquirlen. ½ TL Salz und Pfeffer unterrühren.

4. Olivenöl bei mittlerer Hitze in einer großen Pfanne erwärmen. Eiermasse in die Pfanne gießen. Umrühren, bis das Ei zu stocken beginnt (nach etwa 1 Minute). Erst den Mozzarella nach und nach hinzugeben, dann Tomaten, Spinat und Spargelstücke. Rühren, bis der Käse schmilzt und das Ei fest ist (etwa 2 Minuten). Mit Spargelstangen, Tomatenhälften und gehackter Petersilie garnieren.

Omelette al Italiano

Für 4 Portionen
Nährwerte (pro Portion): Kilokalorien: 490 Kcal,
Protein: 31,95 g, Fett: 33,93 g, Kohlenhydrate: 10,6 g

ZUTATEN

50 g Sahne
6 Eier
150 g Mozzarella (light)
100 g geriebener Käse
80 g geriebener
  Parmesan
1 TL Salz
1 TL Pfeffer
2 Tomaten
1 grüne Paprika
1 rote Paprika
1 Zwiebel
2 EL Olivenöl
1 EL gehackte Petersilie

1. Den Backofen auf 180 °C (Ober-/Unterhitze) vorheizen.

2. Die Sahne und die Eier in eine Schüssel geben und mit einer Gabel verquirlen. Den Mozzarella abtropfen lassen, klein zupfen und mit 50 g geriebenem Käse und 50 g geriebenem Parmesan unter die Eier mischen. Mit Salz und Pfeffer würzen.

3. Die Tomaten waschen und in Scheiben schneiden. Paprika putzen und waschen, Zwiebel schälen und beides klein würfeln. Das Olivenöl in einer ofenfesten Pfanne erhitzen und die Zwiebel darin kurz andünsten.

4. Die Eimischung in die Pfanne geben und kurz umrühren. Dann Tomaten, Paprika und den restlichen Parmesan sowie den restlichen Käse einrühren.

5. Das Omelett bei mittlerer Hitze kurz stocken lassen und dann im vorgeheizten Backofen 5–8 Minuten backen. Vor dem Servieren mit etwas Petersilie bestreuen.

Zucchiniküchlein

Für 4 Portionen
Nährwerte (pro Portion): Kilokalorien: 205 Kcal,
Protein: 11,35 g, Fett: 12 g, Kohlenhydrate: 11,5 g

ZUTATEN

800 g Zucchini
1 Zitrone
½ TL Salz
1 Zwiebel
1 Knoblauchzehe
2 EL Mandelmehl
4 Eier
100 g geriebener Käse
100 g Mais (aus der Dose)
2 EL Olivenöl

1. Die Zucchini putzen, waschen und fein raspeln. Die Zitrone auspressen. Die geraspelten Zucchini in eine Schüssel geben und mit dem Zitronensaft und dem Salz vermengen. 30 Minuten ziehen lassen.

2. Die Zwiebel und den Knoblauch schälen und klein hacken.

3. Die Zucchini in ein Küchentuch geben und gut auspressen. Dann wieder in die Schüssel füllen und mit Zwiebel, Knoblauch, Mandelmehl, Eiern und Käse vermischen. Mais in einem Sieb abtropfen lassen und unterrühren.

4. Das Öl in einer Pfanne erhitzen und mit einem Löffel kleinere Teigportionen in die Pfanne setzen, etwas flach drücken und von beiden Seiten goldbraun braten. Vorgang so lange wiederholen, bis der Teig aufgebraucht ist.

Schoko-Protein-Pancakes

Für 4 Portionen
Nährwerte (pro Portion): Kilokalorien: 346 Kcal,
Protein: 39 g, Fett: 18,2 g, Kohlenhydrate: 6 g

ZUTATEN

100 g Zucchini
2 EL Süßstoff
5 Eier
50 g gemahlene
  Mandeln
100 g Proteinpulver
  Schoko
30 g Backkakao
½ TL Backpulver
1 Prise Natron
250 g Magerquark
2 EL Wasser
1 Prise Salz
2 EL Kokosöl
100 g Himbeeren

1. Die Zucchini putzen, waschen, fein reiben und mit 1 EL Süßstoff und den Eiern in einer größeren Schüssel vermischen. Die gemahlenen Mandeln, 70 g Proteinpulver, Backkakao, Backpulver, Natron, 150 g Magerquark, Wasser und Salz dazugeben. Alles gut miteinander vermischen.

2. Etwas Öl in einer Pfanne erhitzen und 1–2 EL Teig in die Pfanne geben und zu einem Pancake verstreichen. Wenn sich an der Oberseite Bläschen bilden, den Pancake wenden. Vorgang so oft wiederholen, bis der Teig aufgebraucht ist. Der Teig ergibt etwa 8–10 Pancakes.

3. Die Himbeeren vorsichtig waschen und mit Küchenpapier trocken tupfen.

4. Den restlichen Magerquark mit dem restlichen Süßstoff und Proteinpulver in einer Schüssel vermischen. Die Pancakes mit der Schokosauce und den Himbeeren als Topping servieren.

Pancakes mit Zitronencreme

Für 4 Portionen
Nährwerte (pro Portion): Kilokalorien: 415 Kcal,
Protein: 57,68 g, Fett: 13,1 g, Kohlenhydrate: 13,88 g

ZUTATEN

Für die Pancakes:

6 Eier
120 g Proteinpulver
Vanille
500 g Magerquark
200 ml Milch (1,5 % Fett)
2 TL Backpulver
1 TL Süßstoff
2 EL Olivenöl

Für die Creme:

2 Eier
200 g Joghurt (fettarm)
2 EL Zitronensaft
120 g Proteinpulver
Vanille
1 TL Süßstoff

1. Für die Pancakes Eier, Proteinpulver und Magerquark in eine Schüssel geben und gut mit einem Handrührgerät vermischen. Milch, Backpulver und Süßstoff dazugeben und nochmals verrühren, bis ein glatter Teig entsteht.

2. Etwas Olivenöl in einer Pfanne erhitzen, 2 EL Teig hineingeben und zu einem Pancake verstreichen. Wenn sich an der Oberfläche Bläschen bilden, Pancake wenden und fertig backen. Den Vorgang so oft wiederholen, bis der Teig aufgebraucht ist, das ergibt ca. 12–14 Pancakes.

3. Die Eier für die Creme trennen und das Eiklar in einer Schüssel mit dem Handrührgerät steif schlagen. Das Eigelb in eine zweite Schüssel geben und mit Joghurt, Zitronensaft und Proteinpulver mit dem Handrührgerät gut verrühren. Süßstoff dazugeben und nochmals rühren.

4. Den Eischnee vorsichtig unter die Quarkmischung heben und die Creme über die fertigen Pancakes verteilen.

Haselnuss-Schoko-Aufstrich

Für 300 g
Nährwerte (pro 75 g): Kilokalorien: 436 Kcal,
Protein: 4,2 g, Fett: 41 g, Kohlenhydrate: 7,8 g

ZUTATEN

- 60 g Haselnüsse
- 50 g Zartbitter-
  schokolade
- 100 g Butter
- 100 g Sahne
- 3 EL Backkakao
- 3 EL Süßstoff

1. Haselnüsse in eine Küchenmaschine oder in einen Mixer geben und zu Mehl mahlen.

2. Zartbitterschokolade in grobe Stücke hacken und mit der Butter in einem Topf bei niedriger Hitze schmelzen.

3. Gemahlene Haselnüsse und Sahne mit der Schoko-butter vermischen. Backkakao und Süßstoff dazuge-ben und alles ca. 5 Minuten bei kleiner Hitze köcheln lassen.

4. Aufstrich in ein Gefäß füllen und kalt stellen.

Frischkäse-Leinsamen-Brötchen

Für 8 Brötchen
Nährwerte (pro Brötchen): Kilokalorien: 164 Kcal,
Protein: 11 g, Fett: 12,1 g, Kohlenhydrate: 1,6 g

ZUTATEN

- 300 g Frischkäse (fettarm)
- 4 Eier
- 2 EL Leinsamen
- 70 g Flohsamenschalen
- 1 TL Backpulver
- 1 TL Salz

1. Den Frischkäse mit den Eiern in eine Schüssel geben und mit dem Handrührgerät gut verrühren. Leinsamen, Flohsamenschalen und Backpulver dazugeben und gründlich vermischen. Mit Salz würzen und die Schüssel 20 Minuten zugedeckt stehen lassen.

2. Den Backofen auf 160 °C (Ober-/Unterhitze) vorheizen und ein Backblech mit Backpapier auslegen.

3. Aus dem Teig 8 Brötchen formen und diese nebeneinander auf das Backblech legen. Dann 40–45 Minuten im Ofen backen.

Dunkle Baguettes

Für 2 Baguettes
Nährwerte (½ Baguette): Kilokalorien: 356 Kcal,
Protein: 26,3 g, Fett: 24,5 g, Kohlenhydrate: 5,1 g

ZUTATEN

150 g Frischkäse
(fettarm)
150 g körniger
Frischkäse (fettarm)
4 Eier
100 g Leinsamenmehl
50 g Leinsamen
50 g Flohsamenschalen
1 TL Salz
1 TL Brotgewürz
2 TL Backpulver
2 EL Olivenöl
etwas Mehl für die
Arbeitsfläche

1. Den Backofen auf 180 °C Umluft vorheizen.

2. Die beiden Frischkäse in einer Schüssel mit dem Handrührgerät vermischen. Dann Eier, Leinsamenmehl, Leinsamen und Flohsamenschalen dazugeben und gut unterrühren.

3. Salz, Brotgewürz, Backpulver und Olivenöl dazugeben und verrühren. Den Teig auf eine bemehlte Arbeitsplatte legen und mit den Händen noch etwas kneten.

4. Ein Backblech mit Backpapier auslegen. Aus dem Teig zwei Baguettes formen und diese nebeneinander auf das Backblech legen. Dann 40–45 Minuten im Ofen backen.

Proteinkaiserschmarrn

Für 4 Portionen
Nährwerte (pro Portion): Kilokalorien: 269 Kcal,
Protein: 29,3 g, Fett: 13,6 g, Kohlenhydrate: 5,5 g

ZUTATEN

6 Eier

300 ml Mandelmilch

90 g Proteinpulver
Vanille

1 TL Süßstoff

30 g gemahlene
Mandeln

20 g Rosinen (optional)

1 TL Kokosöl

entsteinte Kirschen
(aus dem Glas) nach
Belieben

PuderXucker zum
Bestreuen

1. Die Eier trennen und das Eiklar in einer Schüssel mit dem Handrührgerät steif schlagen.

2. Das Eigelb in einer zweiten Schüssel mit Mandelmilch, Proteinpulver, Süßstoff und den gemahlenen Mandeln vermischen.

3. Den Eischnee unter die Eigelbmischung heben und anschließend nach Belieben die Rosinen dazugeben.

4. Das Kokosöl in einer Pfanne erhitzen und den Teig in die Pfanne gießen. Sobald er auf der Unterseite gebräunt ist, Teig wenden. Dann mit einem Pfannenwender in kleine Stücke schneiden.

5. Den fertigen Kaiserschmarrn nach Belieben mit heißen Kirschen servieren und mit etwas PuderXucker bestreuen.

Karotten-Quark-Brot

Für 1 Brot (10 Scheiben)
Nährwerte (pro Scheibe): Kilokalorien: 81,5 Kcal,
Protein: 6,9 g, Fett: 4,1 g, Kohlenhydrate: 3,8 g

ZUTATEN

250 g Karotten
250 g Magerquark
150 ml Wasser
100 g Leinsamen
2 Eier
1 TL Backpulver
1 TL Brotgewürz
½ TL Salz
1 TL Anis
etwas Fett für die Form

1. Den Backofen auf 190 °C (Ober-/Unterhitze) vorheizen.

2. Die Karotten putzen, schälen und fein raspeln.

3. Den Magerquark, das Wasser und die Leinsamen in eine Schüssel geben und mit dem Handrührgerät vermischen. Die Eier und das Backpulver dazugeben und alles gut verrühren.

4. Karotten, Brotgewürz und Salz hinzugeben und alles zu einem festen Teig verkneten. Eine Brotbackform oder eine Kastenform (24 x 12 cm) einfetten, den Teig hineingeben, mit Anis bestreuen und etwa 40 Minuten im Ofen backen.

Karottenbrot

Für 1 Brot (12 Scheiben)
Nährwerte (pro Scheibe): Kilokalorien: 127,5 Kcal,
Protein: 6,8 g, Fett: 9,2 g, Kohlenhydrate: 3,3 g

ZUTATEN

3 Karotten
4 Eier
100 g Crème fraîche
60 g Mandelmehl
100 g Sonnenblumen-
  kerne
2 EL Flohsamen-
  schalenpulver
2 TL Backpulver
1 Prise Salz
etwas Fett für die Form

1. Die Karotten putzen, waschen, in einer Küchenma-schine (oder einem Mixer) zerkleinern oder raspeln und in eine Schüssel geben. Eier, Crème fraîche, Mandelmehl und Sonnenblumenkerne dazugeben und mit dem Handrührgerät gut vermischen.

2. Nun das Flohsamenschalenpulver, das Backpulver und das Salz unterrühren. Den Teig mit einem Küchentuch zudecken und 30 Minuten ruhen lassen.

3. Den Backofen auf 200 °C Ober-/Unterhitze vorheizen.

4. Eine Brotbackform oder Kastenform (20 x 12 cm) einfetten, den Teig hineingeben und 25–30 Minuten im Ofen backen.

Pancakes mit Sojamehl

Für 4 Portionen
Nährwerte (pro Portion): Kilokalorien: 361 Kcal,
Protein: 31,8 g, Fett: 19,8 g, Kohlenhydrate: 10,2 g

ZUTATEN

4 Eier
1 Prise Salz
120 g Mandelmehl
300 ml Milch (3,5 % Fett)
100 g Sojamehl
30 g Xylit (Xucker)
1 TL Backpulver
2 TL Kokosöl
Beeren nach Belieben

1. Die Eier trennen und das Eiklar und das Salz mit dem Handrührgerät in einer Schüssel steif schlagen.

2. Das Eigelb in eine weitere Schüssel geben und mit dem Handrührgerät mit dem Mandelmehl und der Milch verrühren. Sojamehl, Xylit und das Backpulver dazugeben und noch mal mixen. Den Eischnee unter die Masse heben und vorsichtig verrühren.

3. Etwas Kokosöl in einer Pfanne erhitzen und 2 EL Teig in die Pfanne geben und zu einem Pancake verstreichen. Sobald sich an der Oberfläche kleine Bläschen bilden, Pancake wenden und dann fertig backen. Den Vorgang so oft wiederholen, bis der Teig aufgebraucht ist, das ergibt ca. 8–12 Pancakes.

4. Die Pancakes nach Belieben mit Beeren garniert servieren.

Waffeln mit Vanillecreme

Für 4 Portionen
Nährwerte (pro Portion): Kilokalorien: 529 Kcal,
Protein: 26,7 g, Fett: 37,8 g, Kohlenhydrate: 16,7 g

ZUTATEN

Für die Waffeln:

5 Eier
300 g griechischer
   Joghurt
60 g gemahlene
   Mandeln
60 g Proteinpulver
   Vanille
4 TL Zucker
1 TL Backpulver
30 g Kokosöl

Für das Topping:

150 g Sahne
1 TL Zucker
1 TL Bourbon-
   vanillepulver
100 g Blaubeeren

1. Die Eier in eine Schüssel aufschlagen. Den Joghurt dazugeben und beides mit dem Handrührgerät gut verrühren. Die gemahlenen Mandeln, das Proteinpulver, den Zucker und das Backpulver unterrühren.

2. Das Waffeleisen mit etwas Kokosöl bepinseln. Nun löffelweise Teig in das Eisen geben und Waffeln ausbacken. Vorgang so oft wiederholen, bis der Teig aufgebraucht ist.

3. Die Schlagsahne, den Zucker und die Bourbonvanille für die Vanillecreme in eine Schüssel geben und mit dem Handrührgerät steif schlagen.

4. Die Blaubeeren waschen und mit Küchenppaier trocken tupfen. Waffeln mit der Vanillecreme und den Blaubeeren servieren.

Zucchinibrot

Für 1 Brot (20 Scheiben)
Nährwerte (pro Scheibe): Kilokalorien: 128 Kcal,
Protein: 35,7 g, Fett: 49 g, Kohlenhydrate: 8,8 g

ZUTATEN

2 große Zucchini
3 TL Salz
300 g Magerquark
6 Eier
300 g gemahlene
  Mandeln
½ TL Butter

1. Die Zucchini putzen, waschen und fein raspeln. Dann mit dem Salz in einer Schüssel vermischen und 1 Stunde ruhen lassen.

2. Danach die Zucchini in ein Küchentuch geben und die Flüssigkeit auspressen.

3. Den Ofen auf 180 °C (Ober-/Unterhitze) vorheizen.

4. Den Quark ebenfalls in einem Küchentuch auspressen. Anschließend Zucchini, Quark, Eier und die gemahlenen Mandeln in eine Schüssel geben und mit dem Handrührgerät gut vermischen.

5. Eine Brotbackform oder Kastenform (20 x 10 cm) mit Butter einfetten, den Teig einfüllen und 40 Minuten im Ofen backen.

Mandelmehlbrötchen

Für 8 Brötchen
Nährwerte (pro Brötchen): Kilokalorien: 164 Kcal,
Protein: 16,3 g, Fett: 8,3 g, Kohlenhydrate: 4,9 g

ZUTATEN

160 g Mandelmehl
50 g Hafermehl
50 g Leinsamenmehl
70 g Flohsamenschalen
1 TL Salz
1 EL Backpulver
4 Eier
300 ml warmes Wasser
etwas Mehl für die
   Arbeitsfläche
1 EL Mohn
1 EL Leinsamen
1 EL Sesamsamen

1. Den Backofen auf 180 °C Ober-/Unterhitze vorheizen.

2. Mandelmehl, Hafermehl, Leinsamenmehl, Flohsamenschalen, Salz und Backpulver in eine Schüssel geben und vermischen. Eier dazugeben und mit dem Handrührgerät untermischen. Wasser dazugießen und alles nochmals gut verrühren.

3. Den Teig auf die Arbeitsfläche geben und mit den Händen durchkneten. Dann 8 Brötchen daraus formen. Ein Backblech mit Backpapier auslegen und die Brötchen darauflegen.

4. Brötchen mit Mohn, Leinsamen und Sesamsamen bestreuen und 60–70 Minuten im Ofen backen.

Frischkäsebrötchen

Für 8 Brötchen
Nährwerte (pro Brötchen): Kilokalorien: 102 Kcal,
Protein: 10,8 g, Fett: 4,9 g, Kohlenhydrate: 2,9 g

ZUTATEN

6 Eier
400 g Frischkäse
  (fettarm)
1 TL Salz
1 TL Backpulver
100 g Flohsamen-
  schalen

1. Eier, Frischkäse, Salz und Backpulver in einer Schüssel mit dem Handrührgerät gut vermengen. Flohsamenschalen untermischen und den Teig 15 Minuten quellen lassen.

2. Den Backofen auf 160 °C (Ober-/Unterhitze) vorheizen und ein Backblech mit Backpapier auslegen.

3. Den Teig nach dem Quellen noch einmal durchkneten und 8 Brötchen daraus formen. Die Brötchen nebeneinander auf das Blech legen und 45–50 Minuten im Ofen backen.

Mandelmehlwaffeln

Für 4 Portionen
Nährwerte (pro Portion): Kilokalorien: 247 Kcal,
Protein: 15,2 g, Fett: 18,1 g, Kohlenhydrate: 2,3 g

ZUTATEN

50 g weiche Butter
4 Eier
1 TL Backpulver
60 g Mandelmehl
100 g Magerquark
1 EL Sonnenblumenöl
2 TL Süßstoff
etwas Fett für das
 Waffeleisen
Beeren nach Belieben

1. Butter, Eier, Backpulver, Mandelmehl und Magerquark in eine Schüssel geben und gut miteinander vermischen. Das Sonnenblumenöl und den Süßstoff ebenfalls unterrühren.

2. Ein Waffeleisen erwärmen. Löffelweise Teig in das Eisen geben und Waffeln ausbacken. Diesen Vorgang wiederholen, bis der Teig aufgebraucht ist.

3. Waffeln nach Belieben mit Beeren garniert servieren.

Sonnenblumenkernbrot

Für 1 Brot (14 Scheiben)
Nährwerte (pro Scheibe): Kilokalorien: 148 Kcal,
Protein: 9,8 g, Fett: 10 g, Kohlenhydrate: 2,7 g

ZUTATEN

7 Eier
300 g Magerquark
100 g gemahlene
   Mandeln
100 g Leinsamen
30 g Weizenkleie
2 EL Sojamehl
1 Pck. Backpulver
½ TL Salz
3 EL Sonnenblumen-
   kerne
etwas Butter für die
   Form

1. Den Backofen auf 160 °C (Ober-/Unterhitze) vorheizen.

2. Die Eier mit dem Magerquark in eine Schüssel geben und mit einem Handrührgerät gut vermischen. Nun die gemahlenen Mandeln, Leinsamen, Weizenkleie und das Sojamehl dazugeben und nochmals mixen. Anschließend das Backpulver und das Salz unter-mischen und 2 EL Sonnenblumenkerne vorsichtig einrühren.

3. Eine Brotbackform oder Kastenform (25 cm) mit etwas Butter einfetten. Den Teig in die Form füllen, mit den restlichen Sonnenblumenkernen bestreuen und 80 Minuten im Ofen backen.

Magerquark-Schoko-Pancakes

Für 4 Portionen
Nährwerte (pro Portion): Kilokalorien: 363 Kcal,
Protein: 48,9 g, Fett: 14,4 g, Kohlenhydrate: 7,1 g

ZUTATEN

8 Eier
500 g Magerquark
100 g Proteinpulver
   Schoko
30 g Backkakao
3 TL Butter
Beeren nach Belieben

1. Die Eier in eine Schüssel aufschlagen und mit der Gabel verquirlen. Dann Magerquark, Proteinpulver und Backkakao mit dem Handrührgerät gut untermischen.

2. Etwas Butter in einer Pfanne erhitzen und 1–2 EL Teig hineingeben und zu einem Pancake verstreichen. Sobald sich an der Oberseite Bläschen bilden, Pancake wenden und dann fertig backen. Den Vorgang so oft wiederholen, bis der Teig aufgebraucht ist, das ergibt ca. 8–12 Pancakes.

3. Die Pancakes nach Belieben mit Beeren servieren.

Quarkbrötchen

Für 12 Brötchen
Nährwerte (pro Brötchen): Kilokalorien: 140 Kcal,
Protein: 11,3 g, Fett: 9,2 g, Kohlenhydrate: 1,8 g

ZUTATEN

- 100 g gemahlene Mandeln
- 100 g Leinsamenmehl
- 1 EL Guarkernmehl
- 1 Pck. Backpulver
- 1 TL Salz
- 300 g Magerquark
- 6 Eier
- 1 EL Butter
- 2 EL Sesamsamen

1. Den Backofen auf 180 °C (Ober-/Unterhitze) vorheizen.

2. Die gemahlenen Mandeln, das Leinsamenmehl, das Guarkernmehl, das Backpulver und das Salz in einer Schüssel miteinander vermischen. Dann Magerquark, Eier und Butter dazugeben und mit dem Handrührgerät gut verrühren. Den Teig zugedeckt 10 Minuten ruhen lassen.

3. Aus dem Teig 12 Brötchen formen und nebeneinander auf ein mit Backpapier belegtes Backblech setzen. Die Brötchen mit Sesamsamen bestreuen und 20–25 Minuten im Ofen backen.

Crêpes mit Füllung

Für 4 Portionen
Nährwerte (pro Portion): Kilokalorien: 420 Kcal,
Protein: 22,7 g, Fett: 28,5 g, Kohlenhydrate: 15,6 g

ZUTATEN

Für die Crêpes:

50 g Kokosmehl
250 ml Milch (3,5 % Fett)
6 Eier
2 TL Pfeilwurzelstärke
2 EL Kokosöl
1 Prise Salz
2 EL Butter

Für die Füllung:

100 g Sahne
250 g Magerquark
2 EL Mineralwasser
1 EL Süßstoff
250 g Erdbeeren

1. Zuerst die Crêpes zubereiten. Hierfür das Kokosmehl mit Milch, Eiern, Pfeilwurzelstärke, Kokosöl und Salz in einer Schüssel mit dem Handrührgerät vermischen. Dann den Teig 30 Minuten ruhen lassen.

2. Danach etwas Butter in einer Pfanne schmelzen. 1–2 EL Teig hineingeben und zu einem dünnen Crêpe verlaufen lassen. Wenn die Unterseite sich braun färbt, Pfannkuchen wenden und fertig backen. Den Vorgang so oft wiederholen, bis der Teig aufgebraucht ist, das ergibt ca. 8–10 Crêpes.

3. Für die Füllung die Sahne in einer Schüssel mit dem Handrührgerät steif schlagen.

4. In einer zweiten Schüssel den Magerquark mit dem Mineralwasser und dem Süßstoff vermischen. Nun vorsichtig die Sahne unter die Masse heben.

5. Die Erdbeeren waschen, entstielen und klein schneiden, dann ebenfalls unter die Masse heben. Die Crêpes mit der Creme bestreichen, aufrollen und servieren.

Kokosmehlwaffeln

Für 4 Portionen
Nährwerte (pro Portion): Kilokalorien: 454 Kcal,
Protein: 26,4 g, Fett: 29,25 g, Kohlenhydrate: 18,1 g

ZUTATEN

Für die Waffeln:

8 Eier
1 Prise Salz
150 g Kokosmehl
1 TL Backpulver
60 g Butter
etwas Fett für das
   Waffeleisen

Für das Topping:

50 g Sahne
200 g Magerquark
200 g Erdbeeren
100 g Blaubeeren

1. Die Eier mit dem Salz in einer Schüssel mit dem Handrührgerät schaumig schlagen. Kokosmehl, Backpulver und Butter (Zimmertemperatur) dazugeben und gut vermischen.

2. Den Teig portionsweise in einem Waffeleisen zu Waffeln ausbacken. Das ergibt etwa 8–10 Waffeln.

3. Für das Topping die Sahne in einer Schüssel schaumig schlagen und mit dem Magerquark verrühren.

4. Die Erdbeeren waschen, entstielen und klein schneiden. Die Blaubeeren verlesen, waschen und mit Küchenpapier trocken tupfen.

5. Die Waffeln mit Creme und Beeren als Topping servieren.

Grüne Detox-Bowl

Für 4 Portionen
Nährwerte (pro Portion): Kilokalorien: 355 Kcal,
Protein: 6,8 g, Fett: 29 g, Kohlenhydrate: 14,9 g

ZUTATEN

1 Avocado
240 g Spinat
300 ml Milch (3,5 % Fett)
4 TL Chiasamen
150 g Johannisbeeren
130 g Blaubeeren
100 g Kokosraspel
Minzeblätter nach
  Belieben

1. Die Avocado halbieren, den Stein entfernen und das Fruchtfleisch aus der Schale lösen. Spinat verlesen, waschen und abtropfen lassen.

2. Milch, Spinat und Avocadofruchtfleisch in eine Schüssel (oder einen Mixer) geben und mit dem Pürierstab fein pürieren.

3. Nun die Avocado-Spinat-Mischung auf 4 Schüsseln verteilen. Auf jede Schüssel 1 TL Chiasamen, ¼ der Johannisbeeren, ¼ der Blaubeeren und ¼ der Kokosraspel geben. Die Bowl nach Belieben noch mit Minzeblättern garnieren.

Mandel-Leinsamen-Brötchen

Für 12 Brötchen
Nährwerte (pro Brötchen): Kilokalorien: 128 Kcal,
Protein: 12,8 g, Fett: 7,3 g, Kohlenhydrate: 1,5 g

ZUTATEN

300 g Quark (20 % Fett)
6 Eier
1 EL Olivenöl
100 g Mandelmehl
100 g Leinsamenmehl
1 EL Guarkernmehl
1 Pck. Backpulver
1 TL Salz

1. Den Backofen auf 180 °C (Ober-/Unterhitze) vorheizen.

2. Quark, Eier und Olivenöl in eine Schüssel geben und mit dem Handrührgerät vermischen. Mandelmehl, Leinsamenmehl und Guarkernmehl dazugeben und nochmals verrühren. Zum Schluss Backpulver und Salz untermischen. Den Brotteig 15 Minuten zugedeckt ruhen lassen.

3. Ein Backblech mit Backpapier auslegen. Aus dem Teig 12 Brötchen formen und nebeneinander auf das Backblech setzen. Die Brötchen nun 20 Minuten im Ofen backen.

Chiapudding mit Beeren

Für 4 Portionen
Nährwerte (pro Portion): Kilokalorien: 211 Kcal,
Protein: 13,58 g, Fett: 10,35 g, Kohlenhydrate: 14,43 g

ZUTATEN

400 ml Milch (3,5 % Fett)
100 ml Kokosmilch
30 g Proteinpulver
  Vanille
80 g Chiasamen
20 g Xylit (Xucker)
100 g Himbeeren
100 g Blaubeeren

1. Milch, Kokosmilch, Proteinpulver und Chiasamen in einer Schüssel vermischen. 2 Stunden in den Kühlschrank stellen und quellen lassen.

2. Danach das Xylit untermischen.

3. Himbeeren und Blaubeeren waschen und vorsichtig mit Küchenpapier trocken tupfen. Einige unter den Chiapudding mischen.

4. Chiapudding auf 4 Schüsseln verteilen und mit den restlichen Beeren garnieren.

Spinatpancakes

Für 4 Portionen
Nährwerte (pro Portion): Kilokalorien: 462 Kcal,
Protein: 19,3 g, Fett: 37,55 g, Kohlenhydrate: 8,18 g

ZUTATEN

- 150 g Spinat
- 1 Zwiebel
- 4 Eier
- 200 g gemahlene Mandeln
- 150 ml Milch (1,5 % Fett)
- 1 TL Backpulver
- 2 EL Pflanzenöl

1. Den Spinat verlesen, waschen, abtropfen lassen und hacken. Dann die Zwiebel schälen und klein schneiden.

2. Die Eier in eine Schüssel geben und mit dem Handrührgerät schaumig schlagen. Die gemahlenen Mandeln, die Milch und das Backpulver dazugeben und vermischen. Nun die Zwiebel und den Spinat unterrühren.

3. Etwas Öl in einer Pfanne erhitzen und 1–2 EL Teig hineingeben und zu einem Pancake verstreichen. Sobald sich an der Oberfläche Bläschen bilden, Pancake wenden und dann fertig backen. Den Vorgang so oft wiederholen, bis der Teig aufgebraucht ist, das ergibt ca. 8–10 Pancakes.

Nuss-Magerquark-Brötchen

Für 4 Brötchen
Nährwerte (pro Brötchen): Kilokalorien: 247 Kcal,
Protein: 14,23 g, Fett: 18,13 g, Kohlenhydrate: 4,85 g

ZUTATEN

150 g Magerquark
1 TL Olivenöl
2 Eier
1 Prise Salz
60 g geschrotete
  Leinsamen
15 g Walnusskerne
15 g Haselnüsse
15 g Sonnenblumen-
  kerne
½ TL Backpulver
25 g Weizenkleie
½ TL getrockneter
  Thymian
½ TL getrockneter
  Oregano
15 g Sesamsamen
½ TL Kümmel

1. Den Magerquark und das Olivenöl in eine Schüssel geben und mit dem Handrührgerät verrühren. Anschließend die Eier und das Salz untermischen. Nun 50 g der Leinsamen einrühren.

2. Die Nüsse und die Sonnenblumenkerne hacken und mit Backpulver, Weizenkleie, Thymian und Oregano in die Schüssel dazugeben. Das Ganze gründlich zu einem Teig verkneten.

3. Den Backofen auf 180 °C Umluft vorheizen und ein Backblech mit Backpapier auslegen.

4. Aus dem Teig 4 Brötchen formen und diese auf das Backblech setzen. Mit Sesam, Kümmel und den restlichen Leinsamen bestreuen und 30 Minuten im Ofen backen.

Omelett mit Champignons

Für 4 Portionen
Nährwerte (pro Portion): Kilokalorien: 289 Kcal,
Protein: 11,85 g, Fett: 23,65 g, Kohlenhydrate: 4,9 g

ZUTATEN

250 g Champignons
2 EL Sesamsamen
6 Eier
1 Prise Salz
1 Prise Pfeffer
1 EL Sojasauce
3 EL Sesamöl
2 Tomaten
1 EL Olivenöl

1. Die Champignons putzen, mit einem Küchenpapier säubern und in kleine Stücke schneiden. Die Sesamsamen in einer Pfanne ohne Fett bei kleiner Hitze goldbraun rösten.

2. Die Eier mit Salz und Pfeffer in eine Schüssel geben und verquirlen. Die Sojasauce unterrühren.

3. 1 EL Sesamöl in einer Pfanne erhitzen und die Pilze darin braun braten. Pilze aus der Pfanne nehmen und beiseitestellen.

4. Anschließend pro Omelett (es ergibt 4 Omeletts) ¼ des restlichen Sesamöls in der Pfanne erhitzen und ¼ der Eimasse mit ¼ der Pilze hineingeben, kurz verrühren und dann Omelett von beiden Seiten goldbraun braten.

5. Die Tomaten waschen und vierteln, dabei den Stielansatz entfernen.

6. Die Omeletts auf 4 Tellern anrichten und die Tomaten als Beilage dazugeben. Das Olivenöl über die Tomaten träufeln und die gerösteten Sesamsamen auf den Omeletts verteilen.

Pancake-Obst-Turm

Für 4 Portionen
Nährwerte (pro Portion): Kilokalorien: 333,7 Kcal,
Protein: 28,8 g, Fett: 16,2 g, Kohlenhydrate: 13,9 g

ZUTATEN

3 Eier
1 Prise Salz
200 g Mandelmehl
1 TL Backpulver
300 ml Milch (3,5 % Fett)
2 TL Kokosöl
200 g Erdbeeren
2 Kiwis
200 g Blaubeeren

1. Die Eier trennen. Das Eiklar und das Salz in einer Schüssel mit dem Handrührgerät steif schlagen.

2. Eigelb, Mandelmehl, Backpulver und Milch in einer zweiten Schüssel mit dem Handrührgerät verrühren. Dann den Eischnee unter den Teig heben.

3. Etwas Kokosöl in einer Pfanne erhitzen, 1–2 EL Teig hineingeben und zu einem Pancake verstreichen. Sobald sich an der Oberfläche Bläschen bilden, Pancake wenden und dann fertig backen. Vorgang so oft wiederholen, bis der Teig aufgebraucht ist, das ergibt ca. 10–12 Pancakes.

4. Erdbeeren waschen und entstielen, Kiwis schälen und beides in Scheiben schneiden. Die Blaubeeren waschen und mit Küchenpapier trocken tupfen.

5. 1 Pancake auf einen Teller legen, einige Erdbeeren daraufgeben, dann wieder 1 Pancake, nun ¼ der Kiwi, den nächsten Pancake, ¼ der Blaubeeren, den letzten Pancake obenauf setzen und mit Erdbeerscheiben garnieren.

Chia-Zitronen-Pancake

Für 4 Portionen
Nährwerte (pro Portion): Kilokalorien: 339 Kcal,
Protein: 28,9 g, Fett: 19,2 g, Kohlenhydrate: 7,7 g

ZUTATEN

Für die Pancakes:

4 Eier
120 g Mandelmehl
2 EL Chiasamen
2 TL Backpulver
200 ml Joghurt
100 ml Milch (3,5 % Fett)
1 TL Bio-Zitronenabrieb
2 TL Kokosöl

Für die Creme:

200 g Quark (20 % Fett)
50 ml Wasser
1 EL Süßstoff
2 TL Chiasamen
1 EL Zitronensaft

1. Die Eier trennen und das Eiklar in einer Schüssel mit dem Handrührgerät steif schlagen. Eigelb, Mandelmehl, Chiasamen, Backpulver und Joghurt in einer zweiten Schüssel mit dem Handrührgerät vermischen. Die Milch unterrühren und dann den Eischnee unterheben.

2. Die Zitrone waschen, die Schale abreiben und zum Teig geben.

3. Etwas Kokosöl in einer Pfanne erhitzen, 1–2 EL Teig hineingeben und zu einem Pancake verstreichen. Sobald sich an der Oberfläche Bläschen bilden, Pancake wenden und dann fertig backen. Vorgang so oft wiederholen, bis der Teig aufgebraucht ist, das ergibt ca. 8–12 Pancakes.

4. Für die Creme Quark, Wasser, Süßstoff, Chiasamen und Zitronensaft in einer Schüssel vermischen. Pancakes mit der Creme beträufeln und servieren.

Leinsamen-Quark-Brot

Für 1 Brot (10 Scheiben)
Nährwerte (pro Scheibe): Kilokalorien: 135,8 Kcal,
Protein: 13,2 g, Fett: 7,2 g, Kohlenhydrate: 3,6 g

ZUTATEN

60 g geschrotete
Leinsamen

60 g Weizenkleie

1 EL Chiasamen

60 g Proteinpulver
neutral

80 g Sonnenblumen-
kerne

300 g Magerquark

1 TL Backpulver

1 TL Salz

etwas Fett für die Form

1. Den Backofen auf 200 °C (Ober-/Unterhitze) vorheizen.

2. Leinsamen, Weizenkleie, Chiasamen, Proteinpulver und 50 g der Sonnenblumenkerne in einer Schüssel miteinander vermischen. Dann den Magerquark, das Backpulver und das Salz dazugeben und alles gut mit dem Handrührgerät verrühren.

3. Den Teig zugedeckt 15–20 Minuten ruhen lassen, damit die Leinsamen aufquellen können.

4. Den Teig in eine gefettete Brotbackform oder Kastenform (24 x 12 cm) füllen, die restlichen Sonnenblumenkerne darüberstreuen und Brot 35–40 Minuten im Ofen backen.

Protein-Erdbeer-Pfannkuchen

Für 4 Portionen
Nährwerte (pro Portion): Kilokalorien: 305 Kcal,
Protein: 29,5 g, Fett: 15 g, Kohlenhydrate: 10,7 g

ZUTATEN

- 4 Eier
- 1 Prise Salz
- 500 ml Milch (3,5 % Fett)
- 50 g Mandelmehl
- 60 g Proteinpulver
  Vanille
- ½ TL Zimt
- 1 TL Backpulver
- 1 EL Butter
- 250 g Erdbeeren

1. Die Eier trennen und das Eiklar und das Salz in einer Schüssel mit dem Handrührgerät steif schlagen. Eigelb, Milch, Mandelmehl und Proteinpulver in einer zweiten Schüssel gut verrühren. Dann Zimt, Backpulver und Eischnee untermischen.

2. Etwas Butter in einer Pfanne erhitzen und 2–3 EL Teig hineingeben und zu einem Pfannkuchen verlaufen lassen. Wenn sich die Unterseite bräunt, den Pfannkuchen wenden und fertig backen. Vorgang so oft wiederholen, bis der Teig aufgebraucht ist, das ergibt ca. 10–12 Pfannkuchen.

3. Die Erdbeeren waschen, entstielen und klein schneiden. Die Pfannkuchen zusammen mit den Erdbeeren servieren.

Spinat-Avocado-Muffins

Für 8 Muffins
Nährwerte (pro Muffin): Kilokalorien: 179 Kcal,
Protein: 9,5 g, Fett: 12,6 g, Kohlenhydrate: 3,5 g

ZUTATEN

1 Avocado
200 g Spinat
6 Eier
60 g geriebener Käse
60 g Hüttenkäse
  (fettarm)
1 TL Leinsamen
1 EL Butter oder
  Kokosöl

1. Den Ofen auf 180 °C (Ober-/Unterhitze) vorheizen.

2. Die Avocado halbieren, den Kern entfernen, das Fruchtfleisch mit einem Löffel aus der Schale heben und in eine Schüssel geben.

3. Den Spinat verlesen, waschen, abtropfen lassen und hacken. Dann zur Avocado geben. Nun Eier, Käse, Hüttenkäse und Leinsamen hinzufügen und alles mit dem Handrührgerät gut vermengen.

4. Die Mulden einer Muffinform mit Butter oder Kokosöl einfetten und den Teig darauf verteilen. Muffins 10–15 Minuten im Ofen goldbraun backen.

Chiasamencreme mit Himbeeren

Für 4 Portionen
Nährwerte (pro Portion): Kilokalorien: 175 Kcal,
Protein: 7,8 g, Fett: 9,9 g, Kohlenhydrate: 10,4 g

ZUTATEN

400 ml Milch (3,5 % Fett)
80 g Chiasamen
300 g Himbeeren
1 Zitrone
3 EL Süßstoff

1. Die Milch in eine Schüssel geben und die Chiasamen einrühren. Mischung 60 Minuten in den Kühlschrank stellen und quellen lassen.

2. Himbeeren vorsichtig waschen und mit Küchenpapier trocken tupfen. 200 g in einer Schüssel pürieren und mit dem Saft der Zitrone sowie 1 EL Süßstoff vermischen.

3. Die Chiasamen aus dem Kühlschrank nehmen und den restlichen Süßstoff unterrühren.

4. Die pürierten Himbeeren auf 4 Gläser verteilen, die Chiasamen daraufgeben und mit den restlichen Himbeeren garnieren.

Tomatenomelett

Für 4 Portionen
Nährwerte (pro Portion): Kilokalorien: 320,7 Kcal,
Protein: 22,9 g, Fett: 22,5 g, Kohlenhydrate: 4,6 g

ZUTATEN

100 g Magerquark
50 ml Milch (3,5 % Fett)
4 Tomaten
3 EL Butter
10 Eier
½ TL Salz
½ TL Pfeffer
½ Bund Petersilie

1. Den Magerquark und die Milch in eine Schüssel geben und vermischen.

2. Die Tomaten waschen, den Stielansatz entfernen und das Fruchtfleisch klein schneiden. Die Butter in einer Pfanne erhitzen und die Tomaten darin 3–5 Minuten dünsten.

3. Währenddessen die Eier mit der Quarkmasse verrühren und alles mit Salz und Pfeffer würzen. Den Teig über die Tomaten in der Pfanne gießen und das Omelett auf beiden Seiten 2–3 Minuten braten.

4. Die Petersilie waschen, trocken schütteln und hacken. Vor dem Servieren über dem Omelett verteilen.

Spinatfrittata

Für 4 Portionen
Nährwerte (pro Portion): Kilokalorien: 326 Kcal,
Protein: 17,6 g, Fett: 25,8 g, Kohlenhydrate: 3,4 g

ZUTATEN

350 g Spinat
8 Eier
120 g Schmand
½ TL Salz
½ TL Pfeffer
1 TL gehackte Petersilie
80 g geriebener Käse
2 EL Olivenöl

1. Den Backofen auf 200 °C (Ober-/Unterhitze) vorheizen.

2. Den Spinat verlesen, waschen und gut abtropfen lassen.

3. Die Eier trennen. Das Eiklar in einer Schüssel mit dem Handrührgerät steif schlagen. In einer zweiten Schüssel Eigelb, Schmand, Salz, Pfeffer und Petersilie gut miteinander vermischen. Eischnee, Käse und Spinat unter die Eigelbmasse heben.

4. Das Öl in einer ofenfesten Pfanne erhitzen und die Masse hineingießen. Die Pfanne mit Alufolie abdecken und die Frittata im Ofen 20 Minuten backen.

Chia-Beeren-Pudding

Für 4 Portionen
Nährwerte (pro Portion): Kilokalorien: 197 Kcal,
Protein: 6,5 g, Fett: 10,5 g, Kohlenhydrate: 17,8 g

ZUTATEN

100 g Himbeeren
100 g Brombeeren
100 g Blaubeeren
120 g Chiasamen
800 ml Kokosmilch
1 TL Zitronensaft
1 TL Süßstoff

1. Die Beeren waschen und mit Küchenpapier trocken tupfen. Einige für später zum Garnieren beiseitelegen, den Rest in einer Schüssel mit dem Pürierstab pürieren.

2. Die Chiasamen in einer Schüssel mit der Kokosmilch verrühren und 5 Minuten im Kühlschrank quellen lassen.

3. Danach die pürierten Beeren, Zitronensaft und Süßstoff in die Chiasamen rühren und das Ganze nochmals 45 Minuten im Kühlschrank quellen lassen.

4. Den fertigen Pudding auf 4 Schalen verteilen und mit den restlichen Beeren garniert servieren.

Pfannkuchen mit Creme

Für 4 Portionen
Nährwerte (pro Portion): Kilokalorien: 402 Kcal,
Protein: 32,3 g, Fett: 21,5 g, Kohlenhydrate: 14,8 g

ZUTATEN

Für die Pfannkuchen:

3 Eier
250 ml Milch (3,5 % Fett)
60 g Proteinpulver
   Vanille
50 g Kokosmehl
etwas Süßstoff
1 TL Backpulver
1 Vanilleschote
1 EL Kokosöl

Für die Füllung:

400 g griechischer
   Joghurt
30 g Proteinpulver
   Vanille
200 g Blaubeeren

1. Zuerst die Pfannkuchen zubereiten. Hierfür die Eier in eine Schüssel geben und mit einer Gabel verquirlen. Die Milch und das Proteinpulver dazugeben und mit einem Handrührgerät verrühren. Kokosmehl, Süßstoff nach Belieben, Backpulver und das Mark der Vanilleschote dazugeben und nochmals mixen.

2. Etwas Kokosöl in einer Pfanne erhitzen, 2–3 EL Teig hineingeben und zu einem Pfannkuchen verlaufen lassen. Sobald sich die Unterseite bräunt, den Pfannkuchen wenden und fertig backen. Vorgang so oft wiederholen, bis der Teig aufgebraucht ist, das ergibt ca. 8 Pfannkuchen.

3. Für die Creme den griechischen Joghurt und das Proteinpulver in einer Schüssel vermischen.

4. Die Blaubeeren waschen und mit Küchenpapier trocken tupfen.

5. Die Pfannkuchen mit der Creme bestreichen, zusammenklappen und mit Blaubeeren garniert servieren.

Bildnachweis